Jürgen Ahl

# Internetradio

## Single Board Computer in der Praxis

# Impressum

# Inhaltsverzeichnis

# Vorwort

Ist es möglich ein Internetradio selbst zu bauen? Ja. Man braucht dazu nur einen
Einplatinencomputer (SBC) mit einer Netzwerkanbindung, etwas Bastelmaterial für ein Radio
Gehäuse, Phantasie und den Ehrgeiz ein ganz individuelles Produkt zu erschaffen. Wir brauchen
weder Schalter, noch Drehknöpfe, keine externe Fernbedienung und auch kein Display. Wenn Sie
ambitioniert und kreativ sind, dann steigen Sie ein, in die Entwicklung eines Internetradios, dass im
Heimnetzwerk von ihrem Smartphone, Tablet, Notebook oder PC aus gesteuert werden kann.

# Einleitung

Inhalt des Buches ist die Herstellung eines Internetradios, ausgestattet mit einem Batch- und
Browser Interface. Wir werden eine Radiobox herstellen, die wir über Remotesysteme steuern
können. Als Hardware kommen Vertreter aus der Familie der SBC (**Single-B**oard **C**omputer) zum
Einsatz. Die Software, mit deren Funktionalität wir im Ergebnis dieses Projekts Radiosender aus
aller Welt empfangen können, soll grundsätzlich auf unterschiedliche SBC portierbar sein.
Außerdem lassen wir das Webradio nicht in seiner Rohform bestehen, sondern fertigen für unser
Produkt im letzten Teil des Buches ein Gehäuse an. Aufgrund der vielen auf den Markt erhältlichen
SBC, mit unterschiedlichen Distributionen, und auf der Suche nach einer mit geringem Aufwand
portierbaren Lösung auf verschiedene SBC, wurden für das Projekt 'Internetradio mit Browser
Interface' aus der Familie der Single-Board Computer einige Repräsentanten ausgewählt. Dabei
handelt es sich um den '**Raspberry Pi, ODROID und NanoPi NEO.** Das Projekt lässt sich auf
nahezu allen Raspberry Pi – Modellen umsetzen. Angefangen mit dem ersten Raspberry Pi (B), dem
ersten Raspberry Pi A, bis hin zu den aktuellen Modellen, einschließlich dem Raspberry Pi Zero.

`Raspberry Pi (Abb. Model B)`

NanoPi NEO

Der NanoPi NEO ist ein Headless-System, d.h. es gibt weder eine Grafikeinheit, noch eine Anschlussmöglichkeit für einen Monitor. Beides wird für dieses Projekt nicht benötigt. Lassen Sie uns also beginnen.

## Die Hardware

Bei der Auswahl der Hardware spielen einige Aspekte eine Rolle. Einer davon ist die Audio-Wiedergabe. Einige SBC verfügen über einen Audioausgang mit einer 3,5mm Klinkenbuchse. Andere lassen diesen Komfort vermissen und bieten stattdessen PIN's auf der Platine, über die man zum Endgerät (Verstärker, Lautsprecher) eine Verbindung herstellen kann. Einige SBC besitzen mehrere USB-Anschlüsse, so dass die Stromversorgung externer Lautsprecher über einen freien USB-Steckplatz über die Platine vorgenommen werden kann. Andere SBC verfügen über nur 1 USB-Steckplatz, der möglicherweise z.B. durch die Verwendung eines WLAN-Sticks bereits belegt ist. Es entstehen also je nach verwendeter Hardware unterschiedliche Aufwände bei der Implementierung des Internetradios. In **Variante 1** besitzen z.B..die Modelle PI 1,2,3,4 usw. einen

3,5mm Audioausgang. Die Verbindung zu einem aktiven Lautsprechersystem wird über ein handelsübliches Audiokabel hergestellt. Die Stromversorgung der Lautsprecher Einheit wird über eine Verbindung zu einem freien USB-Anschluss des Raspberry Pi vorgenommen. **Variante 2** verwendet SBC's ohne 3,5mm Audiobuchse, mit PIN-Header für die Audio-Wiedergabe. Hierbei benötigt man eine Verstärkereinheit, die über einen Audio-In und über einen Audio-Out Anschluss verfügt. Zusätzlich bedarf es mindestens eines Lautsprechers. Im Falle das der SBC keinen freien USB-Steckplatz besitzt, wird für den Betrieb des Verstärkers entweder eine externe Stromquelle (Batterie/Akku) benötigt, oder die Verstärkereinheit wird über die Spannung liefernden PIN des SBC versorgt. Da mit **Variante 1** die Einrichtung der Audio-Wiedergabe recht einfach ist, wir aber unserer Kreativität neue Impulse verleihen werden, entscheiden wir uns bei der Audio-Anschlusstechnik für den interessanteren Weg, die **Variante 2**. Im Kapitel 'Audiowiedergabe' wird dieses Thema ausführlich behandelt. Ein typischer Vertreter für einen Headless-SBC ohne Audio-Out Klinkenstecker Buchse und mit nur einem USB-Anschluss ist der NanoPi NEO.

# Die Software einrichten

Für die in diesem Projekt verwendeten SBC können wir aus den Plattform spezifischen Paketquellen dieselbe Software installieren und verwenden. Lediglich bei der Implementierung des Batch- und Browser Interfaces wird es einige Unterschiede geben, die aber herausgestellt und geschärft werden. Die im Folgenden beschriebenen Installationsschritte sind für den Raspberry Pi mit einer auf Debian basierenden Distribution als auch für Odroid und NanoPi NEO mit einer Ubuntu-Distribution gültig.

## *Software-Installation im Überblick*

Zunächst aktualisieren wir das Betriebssystem. Anschließend wird die für den Betrieb des Internetradios benötigte Software aus den Paketquellen der zu Grunde liegenden Distribution installiert. **MPD** ist ein **M**usic **P**layer **D**eamon zur Wiedergabe von Audio-Dateien unterschiedlicher Formate (z.B. mp3, wav,...) über eine Netzwerkverbindung, und ermöglicht eine Client-seitige Steuerung. **Lighttpd** ist ein freier Webserver, der durch asynchrone Kommunikation und Single-Processing im Vergleich z.B. mit Apache und Multi-Processing, relativ geringe System-Ressourcen benötigt. Der Webserver 'Lighttpd' ist auf Grund des geringen Ressourcen Bedarfs für unser Projekt bestens geeignet. **PHP** (urspr. **P**ersonal **H**ome **P**age Tools) ist eine Scriptsprache, die voranging zur Erstellung dynamischer Web-Seiten und Web-Anwendungen eingesetzt wird. PHP-**CGI** (**C**ommon **G**ateway **I**nterface) spezifiziert u.a. Security-Mechanismen für die Interaktion zwischen Benutzer und Webserver, z.B. bei der Ausführung von Server-Scripten.

### *Installations-Schritte:*
```
1. sudo apt-get update
2. sudo apt-get upgrade
3. sudo apt-get install mpd mpc
4. sudo apt-get install alsa-tools-gui
5. sudo apt.get install lighttpd
6. sudo apt-get install php
7. sudo apt-get install php-cgi php-common
```

## *Software-Installation im Detail*

Nachdem die einzelnen Software-Pakete erfolgreich installiert wurden, nehmen wir das Customizing der einzelnen Produkte vor.

### *Konfiguration MPD*
```
sudo nano /etc/mpd.conf
```
**Modifikation folgender Zeilen:**

```
logfile                          wird zu  #logfile
statfile                         wird zu  #statfile
bind_to_address 'localhost'      wird zu  bind_to_address
'127.0.0.1'
```

In Abhängigkeit der Hardware des SBC und etwaig verwendeter externer Soundkarten oder anderen technischen Erweiterungen für die Sound-Ausgabe gibt es in der Datei '/etc/mpd.conf' Unterschiede bei der Konfiguration im Abschnitt **audio_output** zu beachten. Der Abschnitt 'audio_output' in der 'mpd.conf' muss entsprechend der verwendeten Soundkarte angepasst werden. Mit dem Kommando **lshw** (ggf. muss 'lshw' installiert werden) kann man sich einen Überblick der Hardware des Systems verschaffen.

*Extrakt der Ausgabe von lshw:*

\*-sound:1

    description: Headphones

    physical id: 5

    logical name: **card1**

    logical name: /dev/snd/controlC1

    logical name: /dev/snd/pcmC1D0p

Die Ausgabe von 'lshw' zeigt an, dass im Beispiel für die Soundausgabe (Headphones) **card1** verwendet wird. Demzufolge ist 'card1' in der 'mpd.conf' im Block 'audio_output' unter 'device' anzugeben.

**Beispiel <u>Raspberry Pi</u> ohne die Soundausgabe erweiternde Zusatz-Komponenten:**

```
#
audio_output {
    type        "alsa"
    name        "PulseAudio"
    device          "hw:1,0"  # optional
    mixer_type      "software"   # optional
    mixer_device  "default" # optional
    mixer_control "PCM"          # optional
    mixer_index    "0"        # optional
}
```

**Beispiel <u>NanoPi NEO</u> mit Ubuntu-Distribution ohne die Soundausgabe erweiternde Zusatz-Komponenten:**

```
#
audio_output {
      type "alsa"
      name "My ALSA Device"
      device "hw:0,0" # optional
      format "44100:16:2" # optional
      mixer_device    "default"        # optional
      mixer_control "PCM" # optional
      mixer_index "0" # optional
}
```

**Beispiel <u>Odroid</u> mit Ubuntu-Distribution ohne die Soundausgabe erweiternde Zusatz-Komponenten:**

```
audio_output {
      type              "alsa"
      name              "My ALSA Device"
```

```
#        device           "hw:0,0"        # optional
#        mixer_type       "software"      # optional
#        mixer_device     "default"       # optional
#        mixer_control    "PCM"           # optional
#        mixer_index      "0"             # optional
}
```
Es bedarf unter Umständen einiger Experimente mit den Inhalten der Blöcke 'audio_output' in der Datei 'mpd.conf', bis sich der gewünschte Erfolg einstellt.

### Konfiguration lighttpd
```
sudo nano /etc/lighttpd/lighttpd.conf
```
### Modifikation folgender Zeile
Wurzelverzeichnis /var/www/html   wird zu   **/var/www/**

### Aktivieren von PHP in lighttpd
```
sudo lighty-enable-mod fastcgi
sudo lighty-enable-mod fastcgi-php
```
### Aktivieren der Änderungen in den Software-Komponenten
```
sudo service mpd restart
sudo service lighttpd force-reload
```
### Kontrolle
```
ps -ef | grep mpd
ps -ef | grep lighttpd
```
Beide Prozesse sollten nach dem Restart aktiv sein. Alternativ zum Restart der o.g. Prozesse bietet sich ein 'reboot' des Systems an. Damit der Webserver 'Lighttpd' automatisch nach jedem Neustart des Systems aktiv wird, geben wir noch folgendes Kommando ein: **sudo systemctl enable lighttpd**. Zur Überprüfung ob PHP auf dem Webserver funktioniert wird im Verzeichnis '/var/www' eine PHP-Testdatei 'phpinfo.php' mit folgendem Inhalt erstellt:

```
<?PHP
phpinfo ();
?>
```
Diese Datei wird dann von einem Remote-System über einen Browser in der Form:http://ip-adresse/phpinfo.php aufgerufen. Im Ergebnis sollten wir im Browser-Fenster vom Webserver eine Response über die Verfügbarkeit von PHP erhalten. In der Abb.  PHP Version 7. Bei aktuelleren Versionen wie z.B. Version 8.2 entsprechend.

| System | Linux NanoPi-NEO 3.4.39-h3 #3 SMP PREEMPT Tue May 23 17:37:51 CST 2017 armv7l |
|---|---|
| Server API | CGI/FastCGI |
| Virtual Directory Support | disabled |
| Configuration File (php.ini) Path | /etc/php/7.0/cgi |
| Loaded Configuration File | /etc/php/7.0/cgi/php.ini |
| Scan this dir for additional .ini files | /etc/php/7.0/cgi/conf.d |
| Additional .ini files parsed | /etc/php/7.0/cgi/conf.d/10-opcache.ini, /etc/php/7.0/cgi/conf.d/10-pdo.ini, /etc/php/7.0/cgi/conf.d/20-calendar.ini, /etc/php/7.0/cgi/conf.d/20-ctype.ini, /etc/php/7.0/cgi/conf.d/20-exif.ini, /etc/php/7.0/cgi/conf.d/20-fileinfo.ini, /etc/php/7.0/cgi/conf.d/20-ftp.ini, /etc/php/7.0/cgi/conf.d/20-gettext.ini, /etc/php/7.0/cgi/conf.d/20-iconv.ini, /etc/php/7.0/cgi/conf.d/20-json.ini, /etc/php/7.0/cgi/conf.d/20-phar.ini, /etc/php/7.0/cgi/conf.d/20-posix.ini, /etc/php/7.0/cgi/conf.d/20-readline.ini, /etc/php/7.0/cgi/conf.d/20-shmop.ini, /etc/php/7.0/cgi/conf.d/20-sockets.ini, /etc/php/7.0/cgi/conf.d/20-sysvmsg.ini, /etc/php/7.0/cgi/conf.d/20-sysvsem.ini, /etc/php/7.0/cgi/conf.d/20-sysvshm.ini, /etc/php/7.0/cgi/conf.d/20-tokenizer.ini |
| PHP API | 20151012 |
| PHP Extension | 20151012 |
| Zend Extension | 320151012 |
| Zend Extension Build | API320151012,NTS |
| PHP Extension Build | API20151012,NTS |
| Debug Build | no |
| Thread Safety | disabled |
| Zend Signal Handling | disabled |
| Zend Memory Manager | enabled |
| Zend Multibyte Support | disabled |
| IPv6 Support | enabled |
| DTrace Support | available, disabled |
| Registered PHP Streams | https, ftps, compress.zlib, php, file, glob, data, http, ftp, phar |
| Registered Stream Socket Transports | tcp, udp, unix, udg, ssl, tls, tlsv1.0, tlsv1.1, tlsv1.2 |
| Registered Stream Filters | zlib.*, string.rot13, string.toupper, string.tolower, string.strip_tags, convert.*, consumed, dechunk, convert.iconv.* |

This program makes use of the Zend Scripting Language Engine:
Zend Engine v3.0.0, Copyright (c) 1998-2017 Zend Technologies
    with Zend OPcache v7.0.22-0ubuntu0.16.04.1, Copyright (c) 1999-2017, by Zend Technologies

**zend engine**

Damit haben wir für den Betrieb des Internetradios bereits die grundlegenden Software-technischen Voraussetzungen geschaffen. Im nächsten Schritt implementieren wir auf dem Webserver die Grund-Funktionalität des Internetradios.

## Einrichten des Internetradios

Für den Betrieb des Webradios benötigen wir eine Liste der Sender, die empfangen werden sollen. Im Internet existieren dazu zahlreiche Quellen, die URL-, bzw. Stream-Adressen von Radiostationen bereitstellen. Als Beispiel soll an dieser Stelle die Ressource: https://wiki.ubuntuusers.de/Internetradio/Stationen genannt sein. Im Verzeichnis '/var/www/mpd/playlists/' wird die Datei 'radiosender.m3u' mit den Stream-Adressen der Radiostationen erstellt.

**Beispiel mit nur 3 Stream Adressen:'radiosender.m3u'**
```
http://stream_url_1
http://stream_url_2
http://stream_url_3
...
```
Bevor wir uns um die Erstellung eines Browser Interfaces für das Webradio kümmern, bietet sich zum Test der Funktionalität des Radios die Erstellung eines Shell-Scripts an. Dieses Script ist gleichzeitig unser Batch-Interface, so dass das Internetradio auch über die Terminal-Emulation des SBC, oder von einem Remote-System mittels 'ssh' aufgerufen werden kann.Das Beispiel Shell-Script verwendet zur grafischen Darstellung im Terminal-Fenster das Programm '**dialog**', dass ggf. zusätzlich installiert werden muss.

*Installation dialog*

**sudo apt-get install dialog**

**Beispiel: Shell-Script mit 'dialog' und nur 3 Radio-Stationen**
```
#!/bin/bash
# radio.sh Version: x.x Programmer: xxx Datum: tt.mm.jjjj
```

```
PCOM0=`mpc clear`
PCOM1=`mpc load radiosender`
PCOM2=`mpc volume 98`
PCOMString1='mpc play '

#lxterminal --geometry 20x30

while true; do
 PCOM3Input=$rs
 rs=`dialog --menu "Radiosender  waehlen" 0 0 0 \
 "1" "Sender_1" "2" "Sender_2" "3" "Sender_3" "25" "Stop" 3>&1
1>&2 2>&3`
 dialog --clear
 #dialog --yesno "Bestätigen Sie Ihre Auswahl: $rs" 0 0
 #dialog --clear
 #clear
 if [ "$rs" -le "24" ]; then
     PCOM3Input=$rs
     PCOM3=`$PCOMString1$PCOM3Input`
     sleep 2
     echo $PCOM0 $PCOM1 $PCOM2 $PCOM3
 fi
 case $rs in
 25) mpc stop
     clear
     exit ;;
 26) amixer sset Master,0 10%+ ;;
 27) amixer sset Master,0 10%- ;;
 esac
 done
```

## Details

Zu Beginn werden einige Variablen mit folgender Bedeutung definiert: **'mpc clear'** löscht die aktuelle Wiedergabeliste; **'mpc load radiosender'** lädt die im Verzeichnis '**/var/www/mpd/playlists/**' eingerichtete Datei '**radiosender.m3u**'; **'mpc volume 98'** definiert eine Voreinstellung für die Lautstärke der Ton Ausgabe. Dieser Wert kann und sollte, je nachdem ob man ein aktives oder passives Tonwiedergabe-System verwendet, individuell angepasst, oder auch weggelassen werden. Im Falle das dieser Parameter nicht gesetzt wird, wirkt die mit dem Kommando '**alsamixer**' angezeigte Lautstärke für den entsprechenden 'Mixer-Kanal', bzw. ist die Einstellung für 'Sound' in der Systemsteuerung bindend. **'mpc play'** ist das Kommando zum Abspielen der Sound-Datei. Das Script erwartet die Eingabe des Index für einen Radiosender. Die Index-Nummer spezifiziert die Nummer der Radiostation in der Datei '**radiosender.m3u**'. Anschließend wird, vorbehaltlich der korrekten Definitionen für die Sound-Ausgabe im System, der betreffende Radiosender über das verwendete Wiedergabe-Medium (Lautsprecher) abgespielt. Durch Auswahl der im Beispiel verwendeten Index-Nummer '25' wird die Wiedergabe des aktuellen Radiosenders mit dem Kommando '**mpc stop**' beendet. Die Auswahl der Index-Nummern '26' und '27' bewirken eine Veränderung der Lautstärke. Die Steuerung über ein Dialog-Menü ermöglicht es, zwischen den Radiosendern umzuschalten. Das Shell-Script eignet sich z.B. auch als Desktop-Anwendung auf einem SBC mit aufgesetztem TFT-Monitor.

**Raspberry Pi mit TFT - Internetradio Shell Script**

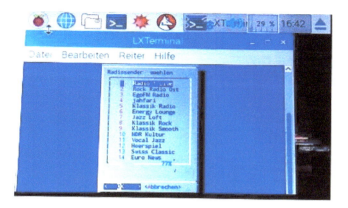

Durch einen Eintrag in der 'Crontab' könnte man den Aufruf des Scripts in der Form automatisieren, dass die Anwendung nach dem Systemstart automatisch aktiv wird. Damit ist die Grundfunktionalität des Internetradios bereits gegeben. Im nächsten Schritt befassen wir uns mit der Steuerung des Webradios und implementieren dazu ein Browser Interface.

## Browser Interface

Damit das Internetradio von einem Remote-System aufgerufen und gesteuert werden kann, stellen wir ein Browser-Interface bereit. Die Funktionalitäten bilden wir über HTML und PHP in Form von 2 Scripten ab.

*HTML mit PHP*
**radio.php mit nur 3 Radio Stationen:**

```
<html>
<style>
h1 {
    color: #ff0000;
}
h2 {
    color: #202020;
}
input {
    margin-left:150px;
    float:center;
    height:21px;
    width:21px;
}
</style>
<body style="background-image:url(wave.jpg); background-repeat:no-
repeat;">
<form  name="auswahl" action="form2.php" method="get">
<h1>Internet Radio</h1>
<h2>
<br><br>
<input type="radio" name="radiosender" value="1" /> Sender_1
<br />
<input type="radio" name="radiosender" value="2" /> Sender_2
<br />
<input type="radio" name="radiosender" value="3" /> Sender_3
```

```
<br />
<input type="radio" name="radiosender" value="4" /> Stop <br />
<input type="radio" name="radiosender" value="5" /> +5% <br />
<input type="radio" name="radiosender" value="6" /> -5% <br />
<br />
<input type="submit" style="background-color:red;font-
size:14px;width:100px; height:60px;"  value="Bestaetigen" />
</form>
</h2>
</body>
</html>
```

***Details***

Zu Beginn werden einige stilistische Vereinbarungen für die grafische Darstellung im Browser-Fenster getroffen, die hier lediglich als Beispiel dienen. Dazu gehört auch ein Hintergrundbild. Zur Erstellung eines Background Images für das Webradio Interface gehe ich im Anschluss an dieses Kapitel auf eine Alternative zu herkömmlichen Grafikprogrammen ein. Im Script wird ein Formular mit der Darstellung von Radio-Buttons zur Auswahl der Radiosender erstellt. Die Sender Auswahl wird über einen 'submit-Button' bestätigt. Ein weiteres Script **'form2.php'** nimmt den ausgewählten Index des Radiosenders über die Methode **'get'** entgegen, und übergibt ihn der weiteren Verarbeitung.

**Raspberry Pi**
**form2.php Beispiel mit 24 Radio-Stationen im Script 'radio.php'**

```php
<?php
$px1=$_GET['radiosender'];
if (isset($_GET['radiosender']))
   {
    switch ($px1) {
        case 26:
            $pluscmd="sudo amixer -y sset Master,0 ";
            $xbefehl="10%+";
            $xaufruf=$pluscmd." ".$xbefehl;
            echo $xaufruf;
            shell_exec($xaufruf);
            break;
        case 27:
            $minuscmd="sudo amixer -y sset Master,0 ";
            $ybefehl="10%-";
            $yaufruf=$minuscmd." ".$ybefehl;
            echo $yaufruf;
            shell_exec($yaufruf);
            break;
        case 25:
            shell_exec('mpc stop');
            break;
          case 1 || 2 || 3 || 4 || 5 || 6 || 7 || 8 || 9 || 10 || 11
|| 12 || 13 || 14 || 15 || 16 || 17 || 18 || 19 || 20 || 21 || 22
|| 23 || 24 :
            shell_exec('mpc load radiosender');
            $sender= $_GET["radiosender"];
            $befehl="mpc play";
            $aufruf=$befehl." ".$sender;
            exec ($aufruf);
            break;
```

```
                    }
    }
else
    {
        echo 'Keine Auswahl getroffen!';
    }
    ?>
```

## Details

Die Variable '**px1**' enthält die durch das Script '**radio.php**' übermittelte Index-Nummer des ausgewählten Radiosenders. Anhand des Inhalts der Variablen '**px1**' erfolgt nun eine Fallunterscheidung, mit den jeweiligen für das Abspielen des Radiosenders erforderlichen Kommando-Sequenzen. Die Inhalte der Kommandos zur Regelung der Lautstärke sind abhängig von der verwendeten Hardware (Soundkarte). Aus diesem Grund ist es erforderlich sich einen Überblick darüber zu verschaffen, wie im System die Einstellungen zur Sound-Wiedergabe für die einzelnen Kanäle konfiguriert sind.

**Raspberry Pi**
**Kommando: alsamixer**

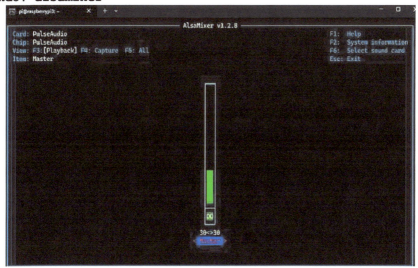

**NanoPi NEO**

```
lqqqqqqqqqqqqqqqqqqqqqqqqqqqqqqq AlsaMixer v1.1.0 qqqqqqqqqqqqqqqqqqqqqqqqqqqqqqk
x Card: H3 Audio Codec                              F1:   Help                    x
x Chip:                                             F2:   System information     x
x View: F3:[Playback] F4: Capture  F5: All          F6:   Select sound card      x
x Item: Line In [dB gain: 0.00]                     Esc:  Exit                    x
x                                                                                 x
x    lqqk       lqqk                    lqqk     lqqk     lqqk     lqqk     lqqk   x
x    x  x       x  x                    x  x     x  x     x  x     x  x     x  x   x
x    x  x       x  x                    x  x     x  x     x  x     x  x     x  x   x
x    x  x       x  x                    x  x     x  x     x  x     x  x     x  x   -
x    x  x       x  x                    x  x     x  x     x  x     x  x     x  x   x
x    x  x       x  x                    x  x     x  x     x  x     x  x     x  x   x
x    x  x       x  x                    x  x     x  x     x  x     x  x     x  x   x
x    x  x       x  x                    x  x     x  x     x  x     x  x     x  x   x
x    x  x       x  x                    x  x     x  x     x  x     x  x     x  x   x
x    x  x       x  x                    x  x     x  x     x  x     x  x     x  x   -
x    x  x       x  x                    x  x     x  x     x  x     x  x     x  x   x
x    x  x       x  x                    x  x     x  x     x  x     x  x     x  x   x
x    tqqu       tqqu     Mono Dif       tqqu     mqqj     tqqu     mqqj     tqqu   x
x    xMMx       xOOx                    xMMx              xMMx              xOOx    x
x    mqqj       mqqj                    mqqj                      mqqj     mqqj    x
x     43         21                     43       38       43       54       65     x
x  <Line In >Line Out Line Out        Mic1    Mic1 Boo  Mic2    Mic2 Boo  DAC      x
mqqqqqqqqqqqqqqqqqqqqqqqqqqqqqqqqqqqqqqqqqqqqqqqqqqqqqqqqqqqqqqqqqqqqqqqqqqqqqqqqqj
```

Die Befehlszeilen im Script zur Steuerung der Audio-Ausgabe müssen im Beispiel 'NanoPi NEO mit einer Ubuntu-Distribution' gegenüber dem 'Raspberry Pi, wie im vorliegenden Fall, in den Angaben bei Item (Bezeichner des Audio-Ausgabe-Kanals) und Lautstärke geändert werden.

**NanoPi NEO mit Ubuntu-Distribution**
**form2.php**
**Extrakt mit Darstellung der Änderungen**

```
        case 5:
            $pluscmd="sudo amixer set 'Line Out'";
            $xbefehl="5%+";
            $xaufruf=$pluscmd." ".$xbefehl;
            echo $xaufruf;
            shell_exec($xaufruf);
            break;
        case 6:
            $minuscmd="sudo amixer set 'Line Out'";
            $ybefehl="5%-";
            $yaufruf=$minuscmd." ".$ybefehl;
            echo $yaufruf;
            shell_exec($yaufruf);
            break;
```

**ODROID mit Ubuntu-Distribution**
...

```
            $pluscmd="sudo amixer set 'Headphone'";
```
...

Die **markierten** Inhalte betreffen die Bezeichnung des Audio-Kanals (Hardware abhängig) zur Sound-Wiedergabe, sowie die Angaben zur Regelung der Lautstärke. Im Beispiel Raspberry Pi wird die Soundkarte 'Pulseaudio' und Item: 'Master' angezeigt. Im Beispiel NanoPi NEO lautet die Angabe für Item: 'Line Out'. Beim ODROID (U3) mit angeschlossenem Audiokabel lautet dieser Bezeichner 'Headphone'. Die Regelung der Lautstärke jeweils um den Wert '5' dient nur als Beispiel. Die Schrittweite zur Regelung der Lautstärke kann individuell angepasst werden. Im Script 'form2.php' müssen die Kommandos zur Regelung der Lautstärke entsprechend des Outputs der Einstellungen für den Alsamixer angepasst werden. Die verwendeten Soundkarten auf den verwendeten Systemen die Unterschiede im Script 'form2.php', die beachtet werden müssen.

## Rechteverwaltung

In der Konfigurationsdatei für 'Lighttpd' ist ein Server-Benutzer definiert. Damit dieser Benutzer die auf dem Server bereitgestellten PHP-Scripte ausführen darf, kann man für diesen Benutzer z.B. Sonderrechte vereinbaren. Sofern der Webserver aus dem Internet (außerhalb des Heimnetzwerks) nicht erreichbar ist, stellt dies im allgemeinen ein kalkulierbares Sicherheitsrisiko dar. Eine Möglichkeit dem Server-Benutzer Zugriffe auf unsere php-Scripte zu erlauben wäre folgende Vorgehensweise:

```
sudo visudo
```
am Ende der Datei eintragen:
```
www-data ALL=(ALL) NOPASSWD: ALL
```

## Das Background-Image

Es fehlt jetzt nur noch ein Hintergrundbild mit dem wir das Layout unserer Applikation aufwerten können. Im Grunde kann ein Hintergrundbild Alles oder Nichts sein und es gibt eine Fülle konventioneller Grafik Programme, mit denen man sehr schnell zu einem Ergebnis kommt. Das im Beispiel genannte Background Image 'wave.jpg' wurde jedoch mit einem Raytracer erstellt. Ein wesentlicher Vorteil eines Raytracers, gegenüber einigen anderen Programmen zur Erstellung virtueller Bilder ist, dass durch exakte Berechnungen erreichte Qualitäts-Level bei der fotorealistischen Darstellung von Szenerien. An dieser Stelle, und bevor wir mit der Herstellung der Audioverbindung nach der Eingangs erwähnten 'Variante 2' fortfahren, möchte ich Ihnen dazu ein Code-Beispiel geben. Das Image 'wave.jpg' wurde mit dem freien Raytracer 'Povray' erstellt. Das Programm ist für die Systeme Unix, Mac und Windows verfügbar. Kern des Raytracers bildet eine Szenen-Beschreibungs-Sprache, mit der das zu erstellende Bild beschreiben wir.

```
Povray Quelltext für ein Background-Image
// Beispiel: wave
// Persistence of Vision Ray Tracer Scene Description File
// File: wave.pov
// Vers: 3.7
// Desc:
// Date:
// Auth:
#include "colors.inc"
#include "textures.inc"
#include "shapes.inc"
#include "skies.inc"
global_settings { assumed_gamma 2.0 }
max_trace_level 60
camera {
  perspective
  location  <0, 0, -4>
  look_at   <0, 10,  0>
  right     4/3*x
}
//#declare himmel=
//Himmel
     sky_sphere { S_Cloud2
        scale < 1,1,1>
        rotate < 0,-62,5>
          }
//#declare Innerbox_1=
```

```
object {
        box { <0, 0, 0> <0.71,0.71,0.71>
                        scale 4
                        rotate <20,40,-20>
                        translate <-2.8,9.6, 0.8>
                    texture {   pigment { color
MediumAquamarine
                        filter 0.8
                }
            normal  { ripples 1
                        scale 0.08
                        frequency (0.4)
                }
            finish  { refraction 1
                        diffuse 0.5
                        ambient 0.5
                        reflection 0.3
                        irid { 0.05
                                thickness 0.17
                                turbulence 1
                        }
                }
            }
        }
    }   // end object
//#declare Innerbox_2=
object {
        box { <0, 0, 0> <0.71,0.71, 0.71>
                        scale 4
                        rotate <20,40,-20>
                        translate <-2.8,9.6, 0.8>
                texture {   pigment { color Gray90
                        filter 0.6
                }
            }
        }
    }   // end object
#declare l1=
light_source
{
    <-1,15,-10>
    color rgb 1.0
    area_light
    <-35, 0, -35> <35, 0, 35>
    6,6
    adaptive 0
}
```

## Details Szenegraph

Für die Szene in Povray werden eine Kamera (das Auge des Betrachters), eine Lichtquelle und mehrere Objekte in Form, Aussehen und Position im dreidimensionalen Raum definiert. Anschließend wir das Bild in der gewünschten Auflösung gerendert. Für die Anzeige auf einem 4" Display eines Smartphones sollte die Auflösung nicht weniger als 800x1024 Pixel betragen. Mit

Povray können auch Animationen erstellt werden. Aber das sollte als kleiner Abstecher in die Welt des Raytracing (Strahlenverfolgung) genügen, und hat vielleicht Ihr Interesse daran geweckt, ganz eigene virtuelle Welten zu erschaffen.

**Das gerenderte Image wave.jpg**

## *Aufruf Browser Interface*

Das Browser Interface ist fertiggestellt. Jetzt wollen wir endlich sehen was wir gemacht haben. Die unten stehende Abbildung zeigt den Aufruf der Web-Oberfäche der Radio Applikation und das Ergebnis. Die beiden letzten Radio Button dienen der Lautstärke Regelung. Zur Veranschaulichung wurden die Liste der Radiostationen **'radiosender.m3u'** und die Server Scripte **'radio.php'**, **'form2.php'** erweitert. Die Abbildung zeigt also eine bereits gefüllte Liste mit Radiosendern.

**Aufruf Browser Interface:** https://ip-adresse/radio.php

**Menü Beispiel**

## *Noch ein Browser Interface*

Das Layout für ein Browser Interface kann aber auch ganz anders aussehen. Wir benötigen dafür ein geeignetes Hintergrundbild und werden die Datei 'radio.php' neu gestalten. Das Hintergrundbild wurde wieder mit einem Raytracing Program erstellt.

**Menü Beispiel**

Das Bild ist zweifelsfrei vom Winter inspiriert. Es werden auch nicht alle Radiosender aus dem vorherigen Beispiel, sondern lediglich vier Stationen verwendet. Die Funktionalitäten zum Anpassen der Lautstärke und die Wiedergabe zu beenden bleiben erhalten. Es wird die neue Datei 'radio_h.php' mit folgendem Inhalt erzeugt.

**radio_h.php**

```
<html>
<style>
h1 {
     color: #ff0000;
}
h2 {
        color: #202020;
}
input {
        margin-left:150px;
        float:center;
        height:28px;
        width:28px;
        font-size:22px;
       }
</style>
    <h1>Internet Radio</h1>
    <br>
    <map name="radio">
    <img src="wave2.jpg" width="810" height="1024" border="0"
usemap="#radio">
    <area shape="circle" coords="160,835 60"  href="form2.php?
radiosender=1">
    <area shape="circle" coords="210,690 60"  href="form2.php?
radiosender=5">
    <area shape="circle" coords="360,610 60"  href="form2.php?
radiosender=22">
    <area shape="circle" coords="610,690 60"  href="form2.php?
radiosender=23">
    <area shape="circle" coords="640,825 60"  href="form2.php?
radiosender=24">
    <area shape="circle" coords="100,600 60"  href="form2.php?
radiosender=18">
    <area shape="circle" coords="650,590 60"  href="form2.php?
radiosender=15">
</map>
</form>
</body>
</html>
```

Es wird im HTML-Code eine 'map' definiert, der das Hintergrundbild unter Angabe der Maße für die Achsen 'X' und 'Y' (in Pixel) zugeordnet wird. Die 'map' kann man sich als Landkarte vorstellen, auf der Ortschaften und Sehenswürdigkeiten abgebildet sind. Die 'Positionen der Radiosender' lassen sich auf der Landkarte eindeutig bestimmen. Mit dem HTML-Tag '**area shape**' definieren wir unter Angabe der Koordinaten (x,y) und des Radius (r) um jedes Objekt einen Kreis, und referenzieren jeden auf diese Weise entstandenen Bildausschnitt mit dem Index des zugehörigen Radiosenders. Die Kreise sind auf der Webseite zunächst unsichtbar. Erst bei einem 'Klick' (aktiver Link) auf den jeweiligen Bildausschnitt wird die Kreisform für einen Augenblick sichtbar. Die Datei 'form2.php' bleibt unverändert bestehen. Abschließend zur Gestaltung von Hintergrundbildern für das Browser-Interface zeigt die folgende Abbildung ein mit einem Bildbearbeitungsprogramm erstelltes einfaches Layout. Die Schaltflächen sind gezeichnet und ohne Funktion. Auch hierbei wird im HTML-Code zur Auswahl der Sender auf einer Landkarte navigiert.

**Menü Beispiel**

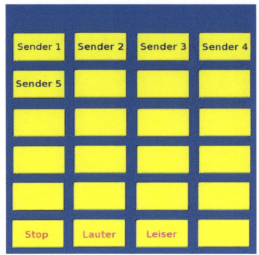

Abschließend zur Gestaltung der grafischen Oberfläche für das Browser-Interface zeigt das folgende Beispiel eine Variante, bei der wir eine einfache 'Dropdown-Liste' verwenden.

***HTML mit PHP***
***radio_h.php***

```
<html>
<body>
<style>
table {border-style: outset;border-color: #fdfdfd;
 color: #000;
 background-color: #d0d050;
 filter:alpha(opacity=60); /* IE */
 opacity:0.8; /* allgemein */}
th {border-bottom-style: groove;border-bottom-width: 0.1in;border-
top: 0.1in;}
    a:active {border-bottom-style: dashed;border-bottom-width:
1px;}
option {font-size: 160%}
</style>
<h2><b>Internetradio</b></h2>
<br>
<table align=middle cellspacing=20>
<tr>
<td>
<SELECT NAME="Radiosender" onchange="location = this.value;"
SIZE="16"  >
<OPTION SELECTED> Radiosender
<OPTION value="form2.php?radiosender=14"> News
<OPTION value="form2.php?radiosender=15"> Blues
<OPTION value="form2.php?radiosender=16"> Antenne
<OPTION value="form2.php?radiosender=17"> France
<OPTION value="form2.php?radiosender=18"> Celtic
<OPTION value="form2.php?radiosender=19"> Italy
```

```
<OPTION value="form2.php?radiosender=20"> Holland
<OPTION value="form2.php?radiosender=21"> Austria
<OPTION value="form2.php?radiosender=22"> Irish Folk
<OPTION style="color:white; background-color: red; font-weight:
bold" value="form2.php?radiosender=23"> Stop
<OPTION style="color:black; background-color: yellow; font-weight:
bold" value="form2.php?radiosender=24"> Lauter
<OPTION style="color:yellow; background-color: blue; font-weight:
bold"value="form2.php?radiosender=25"> Leiser
</SELECT>
</td>
</tr>
</table>
</body>
</html>
```

## Details

Die CSS-Definitionen für Text und Farben wirken sich je nach verwendetem Endgerät in der
Darstellung unterschiedlich aus. Mit der Anweisung 'OPTION SELECTED' wird eine Liste erzeugt
aus der jeweils 1 Eintrag ausgewählt werden kann. Die folgenden 2 Abbildungen zeigen das Layout
auf einem Smartphone.

**Menü Beispiele für Senderauswahl, Laut, Leiser und Stop**

Die zuletzt ausgewählte Radiostation bleibt im oberen Segment solange sichtbar, bis sie durch eine neue Auswahl ersetzt wird. Es hat den Vorteil, dass man später zum Browser zurückkehren kann und, sofern die Browser-Historie zwischenzeitlich nicht vollständig gelöscht wurde, der zuletzt aufgerufene Radiosender angezeigt wird.

## Das Internetradio vom Desktop und Smartphone aufrufen

Der Start des Internetradios lässt sich vereinfachen. Was wird benötigt?

### Desktop-Aufruf
a.) Icon
b.) Desktop-Datei
c.) Shell

Es wird zunächst ein Icon erstellt. Das Icon kann einen Ausschnitt des verwendeten Hintergrund Bildes zeigen, oder ein selbst erstelltes Motiv beinhalten. Für den Desktop-Aufruf wird ein Image im Format **'xpm'** z.B. in den Auflösungen '128x128px', **'114x114px (für IOS)'** oder '64x64px' benötigt. Das Icon wird im Verzeichnis **'/usr/share/pixmaps/**_iconname_**.xpm'** gespeichert. Zusätzlich werden eine Desktop-Datei und eine Shell benötigt.

### Desktop-Datei für Raspberry Pi
```
#!/usr/bin/env xdg-open
[Desktop Entry]
Name=WebRadio
Exec=/home/pi/Data/Radio/radio.sh
Icon=/usr/share/pixmaps/radio.xpm
Type=Application
Terminal=true
```
### Desktop-Datei für Odroid
```
#!/usr/bin/env xdg-open
[Desktop Entry]
Name=Radio_h
Exec=/home/odroid/radio_h.sh
Icon=/usr/share/pixmaps/radio_h.xpm
Type=Application
```

```
Terminal=true
```

**Shell**

```
#!/bin/bash
# aufruf radio_h.sh - Webradio ueber shell aufrufen
DT=`date +%Y-%m-%d_%H%M%S`
xdg-open http://ip-adresse/radio_h.php
exit 0
```

## Smartphone-Aufruf

```
a.) Icon
b.) Link
```

Für den Aufruf über ein Smartphone mit dem Betriebssystem 'IOS Version x.x.' benötigen wir auf dem Webserver im Verzeichnis '**/var/www/**' ein Icon (**114x114px**) mit dem statischen Namen '**apple-touch-icon.png**'. Wird über den Browser die Webseite '<u>http://ip-adresse/radio_h.php</u>' aufgerufen, fügen wir diese Adresse als Link dem **Home-Bildschirm** des Smartphones hinzu.

## Link auf dem Smartphone erstellen

Das auf dem Webserver vorhandene Icon wird automatisch auf den Home-Bildschirm importiert. Das Internetradio kann nun vom Smartphone durch einen Touch auf das Icon aufgerufen werden.

## Icon Beispiel für das Smartphone

# Nanopi64

## Hinweis

Die Scripte zur Steuerung des Internetradios sind skalierbar. Vergessen Sie nicht bei der Erweiterung der Sender-Liste **'radiosender.m3u'** die Änderungen mit den Server Scripten **'radio.php'** und **'form2.php'** zu synchronisieren, und umgekehrt.

## Audiowiedergabe

Würden wir uns zum Anschluss der Audio-Komponente des Internetradios für die Eingangs erwähnte **Variante 1** entschieden haben, wären wir bereits fertig. Aber wo bliebe da die Spannung. Mit der **Variante 2** implementieren wir am Beispiel NanoPi NEO, der über keine Audio Buchse verfügt ein Audiosystem. Dazu werden die auf der Platine des NanoPi NEO dafür vorgesehenen PIN mit einer Verstärker Einheit verbunden.

`NanoPi NEO Audio-PIN`

## Hinweis

Der NanoPi NEO besitzt im Auslieferungszustand keine passive oder aktive Kühlung. Da die elektronischen Elemente im Projekt in einem Gehäuse verbaut werden ist es wichtig auf eine ausreichende Kühlung Platine zu achten. Aus diesem Grund wurden CPU und Speicher mit Kühlkörpern bestückt.

`NanoPi NEO Audio-PIN schematische Darstellung`

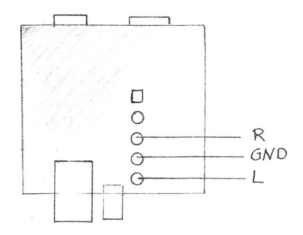

**NanoPi NEO Audio-PIN und Stromversorgung verlötet**

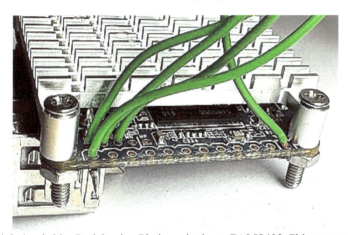

Als Verstärkereinheit wird im Projekt eine Platine mit einem **PAM8403**-Chipsatz verwendet. Der Verstärker besitzt eine Ausgangsleitung von ca. 2x3 Watt und ist zum Anschluss eines kleinen Lautsprechers bestens geeignet.

**PAM8403**

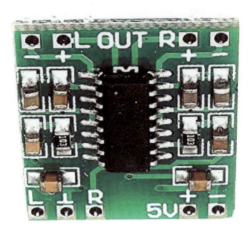

**PAM8403 Anschlüsse verlötet**

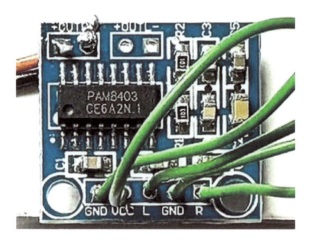

Anschließend werden die an den Audio Ausgängen des NanaoPi NEO befestigten Kabel mit den Audio-In Anschlüssen des Verstärkers verbunden. Die Anschlüsse (+) und (-) je Kanal nehmen die Verbindungskabel der Lautsprecher auf. Im Projekt wird nur 1 Lautsprecher verwendet. Die auf der Verstärker Platine mit '5V' gekennzeichneten Anschlüsse (+, -) werden mit einer geeigneten Stromquelle verbunden. In der Praxis lässt sich der Verstärker auch mit 2x1,5V Batterien/Akkus betreiben. Die folgende Abb. zeigt Anschlüsse zur Stromversorgung des PAM8403 am NanoPi NEO.

**NanoPi NEO - PIN**

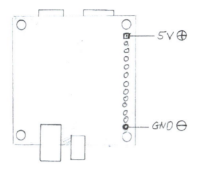

Nachdem alle Verbindungen hergestellt wurden, sind wir darauf gespannt, ob unser Webradio funktioniert und ein Radiosender hörbar eingespielt wird. Nun kennen wir auch die Maße unserer Konstruktion und können uns mit der Herstellung eines Gehäuses für unser Produkt befassen. Im Projekt sollte das Gehäuse schlicht sein, eine gute Zugänglichkeit der Bauelemente ermöglichen und dabei für ausreichende Luftzirkulation sorgen. Und es soll vor Allem Anregung dafür sein, interessante neue Formen, für ein selbstgebautes unikates Internetradio zu kreieren. Als Material wurde im Projekt eine 3mm starke Kunststoffplatte verwendet, die im Handel in den unterschiedlichsten Farben erhältlich ist. Das Material ist flexibel und läßt sich mit einem Cuttermesser mühelos schneiden. Als Stromquelle dienen im Gehäuse-Beispiel 1 zwei 1,5V Batterien in einem Batteriehalter. Der in das Gehäuse eingebaute Lautsprecher ist ein ehemalig defekter Aktivlautsprecher, der nun als Passiv Lautsprecher im 2. Leben wieder nützlich ist. Die gesamte Radioeinheit wurde modular aufgebaut, d.h. die Verbindungen sind als Steckverbindungen ausgelegt, so dass es ohne großen Aufwand möglich ist einzelne Komponenten auszutauschen. Durch den Einbau eines Schalters kann der Lautsprecher An- und Aus geschaltet werden.

## Gehäuse–Beispiel 1

**NanoPi NEO Box**

Beim Bau eines Gehäuses für das Internetradio können wir unserer Kreativität freien Lauf lassen. Die folgenden Abbildungen zeigen dazu einige Beispiele. Der verwendete Lautsprecher besitzt einen Durchmesser von 5cm und verfügt über eine Leistung von 5 Watt. Als Verstärker kommt wieder eine auf dem PAM8403 basierende Verstärkereinheit zum Einsatz. Die Stromversorgung des PAM8403- Moduls erfolgt im Gehäuse-Beispiel 2 intern über den NanoPi NEO (Pin **'5V'** und **'GND'**).

## Gehäuse–Beispiel 2

## Gehäuse–Beispiel 3

Ein 'antiker' Lautsprecher aus dem vergangenen Jahrhundert, der an einigen abgenutzten Stellen etwas aufgearbeitet wurde, bietet eine besondere Optik für das Internetradio.

Der Original Lautsprecher wurde durch einen Lautsprecher aus den 1950-60 Jahren ersetzt. Der ehemals eingebaute Trafo wurde aus dem Gehäuse entfernt. Der Aufbau des Radio Moduls besteht aus einem Raspberry Pi Zero.

**Raspberry Pi Zero Included**

**Icon Beispiele für das Smartphone**

Die Gestaltungsmöglichkeiten unseres Internetradios sehr vielfältig. Auch alte Röhrenradios, oder andere ausgediente Rundfunkempfänger mit interessanten Gehäusen erweitern das Spektrum unserer kreativen Möglichkeiten. Wir haben den alten vergessenen Lautsprecher in die heutige Zeit transferiert, und er ist, in aller Bescheidenheit, an einem geeigneten Platz ein echter Hingucker. In allen Beispielen wurde die Netzwerkanbindung über WLAN realisiert. Wenn der remote-Aufruf des Radio-Interfaces immer mit derselben IP-Adresse erfolgen soll, kann man in der Netzwerkkonfiguration eine statische IP-Adresse vergeben. Alternativ lassen sich einige SBC über einen am Gerät vorhandenen LAN-Anschluss (Netzwerkkabel wird benötigt) mit dem lokalen Netzwerk verbinden.

Damit sind wir am Ende unseres Projekts angelangt.

## Schlussbetrachtung

Die Herstellung des im Projekt vorgestellten Internetradios, in der vorliegenden Ausbaustufe, ist eine Momentaufnahme. Die Open Source Welt, wie auch die SBC entwickeln sich permanent weiter. Dieses Projekt ist daher vor allem Ausdruck unserer Kreativität und zeigt Möglichkeiten die derzeit am Markt verfügbaren Einplatinencomputer effektiv für eigene Projekte zu nutzen. Wir könnten das mit der Moderation einer Radiosendung vergleichen, deren Inhalte sich aus aktuellen Ereignissen ergeben, und die sich immer wieder neu erfindet. Ich bedanke mich für Ihr Interesse.